Mit

Bio Hacking

zum optimierten Leben

*Wie Sie Schritt für Schritt Ihre Leistungsfähig-
keit im Alltag steigern und Ihre Ziele erreichen*

Phillip Meitner

INHALT

Meditationsübungen 71

Fazit 75

Buchempfehlungen 77

Das erwartet Sie in diesem Buch

Wir leben heute in einer Zeit, in der Tempo, beruflicher und gesellschaftlicher Druck, Stress, Digitalisierung und Reizüberflutung Teile des Alltags der meisten Menschen geworden sind. Das Ergebnis ist, dass wir dies als ganz natürlichen Teil unseres Lebens akzeptieren und verlernt haben, bewusst auf unseren Körper zu hören. Eindeutige Signale, wie beispielsweise Müdigkeit, Schmerzen und Antriebslosigkeit werden verdrängt. Wir nehmen uns nicht mehr die Zeit, uns um uns selbst zu kümmern und uns zu fragen, was uns guttut und wie wir unser Leben und unseren Alltag bestmöglich gestalten können. Dementsprechend läuft unser Körper nicht auf Hochtouren, wenn es sich auch so anfühlen mag. Wir verlangen unserem Körper und unserem Geist das Maximum ab, ohne ihnen etwas zurückzugeben. Das kann der Körper nur bis zu einem bestimmten Punkt mitmachen und sendet uns dann Warnsignale, die wir unglücklicherweise zu ignorieren gelernt haben.

Das Ergebnis ist eine Gesellschaft, in der Probleme, Burnouts, Depressionen und eine Reihe körperlicher Beschwerden, chronische Krankheiten und Zivilisationskrankheiten vollkommen normal geworden sind und häufig, wenn überhaupt, nur symptomatisch behandelt werden.

Das müsste nicht so sein, jeder sollte sich mit sich selbst und seinem Körper wohlfühlen dürfen. Und Sie können, wenn Sie das möchten, ab heute ganz aktiv mit individuellen Strategien für sich etwas daran ändern.

Dieser Ratgeber möchte Sie dabei unterstützen und Sie an das Prinzip des „Biohacking" heranführen, das heißt, den Begriff des Biohackings erläutern und Ihnen Strategien näherbringen, wie Sie sich selbst und Ihren Körper besser beobachten und verstehen können, um, z. B. durch Ihre Ernährung und gezielte Bewegung, zur optimalen körperlichen und geistigen Leistung zu finden.

Der Fokus in diesem Ratgeber liegt dabei auf Alltagstauglichkeit und Spaß. Beim Biohacking geht es nicht um feste Regeln und Einschränkungen, sondern darum, ganz individuell sich und seinen Körper zu beobachten, um darauf basierend bestimmte Verhaltensweisen so zu verändern und in den eigenen Alltag zu integrieren, dass Ihre Lebensqualität gesteigert wird und Sie sich gesünder und glücklicher fühlen.

Was bedeutet „Biohacking"?

Der Begriff „Biohacking", der seinen Ursprung in den USA hat, lässt uns im ersten Moment an „Computer Hacking" denken. Aber was hat das mit unserem Körper zu tun? Tatsächlich liegt der Vergleich nahe. So, wie Computer-Hacker Systeme hacken, indem Sie Zusammenhänge verstehen, analysieren und in ihrem Sinne verändern, hacken Biohacker den eigenen menschlichen Organismus. Das bedeutet, sie nutzen unterschiedliche Strategien, um sich, ihren Körper und ihre

Umgebung systematisch zu optimieren und dadurch ihr Leben gesünder, entspannter und lebenswerter zu gestalten.

Den Ursprung der Bewegung finden wir in den 1980er Jahren, als in akademischen Kreisen eine Handvoll Menschen begann, die Forschung aus dem universitären Kontext zu heben und in selbstgebauten Laboren herumzuexperimentieren. Das Ganze diente primär erst einmal keinem höheren Ziel, es war vor allem Neugier und das Gefühl, eigenständig forschen zu wollen, das sie trieb. Erfindungsgeist und Innovation waren den Forschern wichtig, neben freier Hand über die eigene Forschung, welche im Kontext mit der Universität schnell in die Hände von Konzernen gelangt wäre. Diese Form der Do-it-yourself-Forschung wurde dann später auch auf den eigenen Körper übertragen.

Das Biohacking, bezogen auf den eigenen Körper, wird schon länger im Leistungssport praktiziert, wo versucht wird, durch die akribische Messung bestimmter körperlicher Parameter und deren Analyse, die körperliche Leistung bestmöglich zu optimieren. Was in dem Fall dahintersteckt, ist ein hoher Leistungsanspruch, der mit Druck verbunden ist.

Das Ziel des Biohackings für Menschen außerhalb des Leistungssportkontextes ist, Stress zu reduzieren, das eigene Wohlbefinden zu verbessern und die körperliche Leistungsfähigkeit zu steigern, indem wir unseren Körper genau beobachten, lernen seine Signale zu deuten, Messungen anstellen und vergleichen, ihn verstehen lernen und gewisse Abläufe und Prozesse dadurch kontrollieren können. Und das alles nicht mit Druck von außen, sondern mit einer gehörigen Portion Neugier und Spaß.

Diese Do-it-yourself-Bewegung aus den USA hat dort schon viele Anhänger gefunden und auch hier hört man den Begriff mittlerweile immer häufiger.

Was das Prinzip des Biohacking für viele Menschen so attraktiv macht ist, dass es nicht um straffe Regeln und Patentrezepte geht, sondern dass jeder Mensch ganz individuell, durch Beobachtungen und Ausprobieren, sein Biohacking-Programm zusammenstellen und auch wieder verändern kann, je nachdem wie die unterschiedlichen Strategien für einen selbst funktionieren. So individuell unsere Körper sind, so individuell sind auch die einzelnen Strategien zur Optimierung.

Im Grunde ist Biohacking nichts Neues. Wenn

Sie Übergewicht haben und durch Sport die überflüssigen Pfunde loswerden, sind Sie Biohacker. Wenn Sie während der Arbeit am Computer regelmäßig aufstehen und Ihrem Körper Bewegung gönnen, sind Sie Biohacker. Wenn Sie in den Wald gehen, um sich zu entspannen und neue Kraft zu tanken, sind Sie Biohacker. Sobald Sie etwas für sich und Ihr Wohlbefinden tun sind, Sie schon dabei.

Der Unterschied ist nur, meistens beschränken wir diese Strategien nur auf kleine Bereiche und wenden das Prinzip der Optimierung nicht im großen Ganzen an. Um das zu ändern, bietet dieser Ratgeber Ihnen einige konkrete Anregungen.

Sie können sich ganz eigene Strategien zusammenstellen, Sie können sich und Ihren Körper selbst auf unterschiedlichen Wegen bewusst analysieren und im Selbstversuch die besten Strategien für sich entdecken.

Natürlich gibt es auch in der Bewegung des Biohacking, wie in vielen anderen Bewegungen, extreme Formen der Umsetzung. In den USA injizieren sich einige Biohacker Substanzen, um ihr Erbgut zu verändern oder probieren mit Elektroschocks ihre Gehirnfunktionen zu optimieren.

Implantierte Chips und teure Geräte zur Kontrolle der Körperfunktionen sind auch keine Seltenheit. Es geht so weit, dass manche Biohacker den Anspruch haben, durch totale Kontrolle ihres Körpers, jede Krankheit und letztendlich sogar den Tod zu besiegen und sich selbst zu einer Art Übermensch zu modellieren. Ob das noch in einem gesunden Rahmen ist, darüber lässt sich ganz klar streiten.

Diese Sicht ist aus unterschiedlichen Gründen kritisch zu betrachten.

Wir können zwar unsere Lebensqualität, unser Wohlbefinden und unsere körperliche Konstitution beeinflussen und verbessern, aber wir können nicht jede einzelne Zelle unseres Körpers kontrollieren und uns auch nicht von jedem schädlichen Umwelteinfluss fernhalten. Es gibt Krankheiten, die selbst die gesündesten und diszipliniertesten Menschen befallen. Sobald man sich einbildet, dieses Maß an Kontrolle zu haben, bewertet man Menschen, die unter Krankheiten leiden, letztendlich als seien sie selbst schuld aufgrund mangelnder Disziplin und falscher Lebensweise.

Diese übergeordnete, wertende Haltung sollte kritisch hinterfragt werden.

Grundsätzlich sollte Biohacking nicht als eine Art universeller Wahrheit verstanden werden. Es kann Ihnen helfen, sich in einigen Bereichen besser zu fühlen, allerdings streben extreme Biohacker nach mehr als einem guten Lebensgefühl. Es geht vielen auch darum, eine Art Ideal zu erreichen, welches tatsächlich nur bis zu einem gewissen Grad erreichbar ist und eine Art totaler Perfektion und Kontrolle beinhaltet. Sie sammeln extreme Mengen von Daten über ihren Körper, streben nach immer besseren, perfekteren Werten, das kann bis hin zum Wahn führen und lässt auch wenig Spiel und Flexibilität zu.

Diese extreme Form der Umsetzung des Biohacking soll nicht der Schwerpunkt dieses Ratgebers sein. Wir wollen keine perfekte Version eines Menschen aus Ihnen machen und wir möchten Ihnen unbedingt mitgeben, dass Sie zufrieden sein dürfen mit dem was sie erreichen, ohne einem immer noch höheren Ziel hinterherzujagen. Es geht hier weder um einen Kult oder eine Art moderner Religion.

Unser Anliegen mit diesem Buch ist lediglich, Ihnen geeignetes Werkzeug in die Hand zu geben, um auf gesunde und unkomplizierte Art einen Zugang zu den Möglichkeiten des Biohacking zu bekommen und Ihr Leben zu optimieren, ohne dass Sie sich Druck machen oder sich mit anderen Menschen vergleichen müssen.

Selbstevaluation & -optimierung

Ein wichtiger Punkt beim Biohacking ist die Selbstevaluation mit dem Ziel der Selbstoptimierung. Das bedeutet, dass wir unseren Körper und unsere Verhaltensweisen bewusst beobachten, Probleme erkennen, neue Strategien ausprobieren und evaluieren, inwiefern sich dadurch unser körperliches und geistiges Wohlbefinden verändert.

Das kann durch die bewusste Beobachtung des eigenen Körpers und der eigenen Verhaltensweisen geschehen, zu Hilfe nehmen kann man auch technische Geräte wie Schrittzähler, Pulsmesser, Smartwatches und dergleichen. Wie Sie Ihre Beobachtungen anstellen, ob Sie lieber nach Gefühl gehen oder auch reale Werte messen möchten und wie tief sie dabei in die Datenerfassung gehen, ist Ihnen überlassen.

Es gibt unterschiedliche Bereiche und Strategien, die Ihnen helfen können, Ihr Leben und Ihren Körper zu optimieren, unter anderem sind das die Bereiche Ernährung, Sport, Schlaf, Meditation, kalte Thermogenese und die Optimierung des eigenen Umfelds.

In den folgenden Kapiteln gehen wir für Sie näher auf die einzelnen Bereiche ein und zeigen Ihnen Möglichkeiten sowie Wege auf, diese für sich zu nutzen, um optimale Ergebnisse zu erzielen und Ihr Wohlbefinden nach und nach zu steigern.

Es kann sehr hilfreich sein, die Beobachtungen, die Sie am Anfang über sich selbst und Ihren Körper sowie beim Ausprobieren der Strategien machen, schriftlich festzuhalten, zum Beispiel in Form eines Tagebuchs, das Sie täglich oder zumindest regelmäßig führen. Das macht es für Sie einfacher, über eine gewisse Zeit, die Zusammenhänge zu erkennen und zu verstehen und kann als kleines Ritual einen Moment der Ruhe in Ihren Alltag bringen. So können Sie, schwarz auf weiß, auch kleine Veränderungen nachvollziehen und konkret daran anknüpfen.

Wenn Sie beispielsweise feststellen, dass Sie schlecht schlafen, unruhig, müde und abgeschlagen sind und beginnen, Strategien und Rituale in den Alltag zu integrieren, um das zu ändern, werden diese nicht über Nacht anschlagen. Probieren Sie es einige Zeit aus und dokumentieren Sie Ihre Beobachtungen regelmäßig, um herauszufinden, ob und was sich für Sie verändert. Nicht jede Strategie ist für jeden Menschen geeignet und das ist vollkommen in Ordnung. Finden Sie für sich heraus, was zu Ihnen passt, was Sie umsetzen können und was Ihnen wirklich hilft. Das Experimentieren und Ausprobieren gehört einfach dazu und wird Ihnen auch eine Menge Spaß machen.

VORBEREITUNG

Fast alle von uns kennen dieses intensive Gefühl, einen Neuanfang zu benötigen, das Bedürfnis nach frischem Wind und einer Veränderung. Oft greifen Menschen dann zu Mülltüten und Putzutensilien und beginnen den Neustart in ihrer unmittelbaren Umgebung mit einer radikalen Putz- oder Umräumaktion. Ein gutes Beispiel ist der klassische „Frühjahrsputz". Ein neues Jahr beginnt, die Natur erwacht wieder. Nach dem dunklen, kalten Winter erstrahlt das Haus dann in neuem Glanz, dann hat man auch das Gefühl, seinen Kopf aufgeräumt zu haben und ist bereit für Neues.

Dieser „Frühjahrsputz", im übertragenen Sinne, könnte auch Ihr erster Schritt in Ihr neues Leben als Biohacker sein. Besonders, wenn man sich für eine Umstellung der Ernährung entscheidet, ist es sehr sinnvoll, sich die eigene Küche vorzunehmen und sie von Grund auf neu zu strukturieren und sauber zu machen. Schaffen Sie sich einen Überblick, welche Lebensmittel sind da, welche möchte ich aus meinem Ernährungsplan streichen? Kann ich die Lebensmittel, die ich ab jetzt verbannen möchte, dann verschenken oder spenden? Es wird hin und wieder geraten, einfach alles wegzuwerfen und neu zu starten. Das muss natürlich nicht sein, wenn jemand die Dinge noch gebrauchen kann und sich darüber freut. Wenn Sie nicht wissen wohin damit, können Sie sie beispielsweise der Tafel spenden oder anderen sozialen Einrichtungen. In vielen Städten gibt es die Möglichkeit des Foodsharing, so findet sich sicher jemand, der sich darüber freut. Sobald die Küche erst einmal neu sortiert ist und Sie strahlend empfängt, ist die Motivation, sich etwas Gesundes zu kochen, sofort viel größer. Kaufen Sie sich frische, hochwertige Lebensmittel und im besten Fall keine Fertiggerichte. So verlockend eine Tiefkühlpizza manchmal sein mag, wenn keine im Tiefkühlfach wartet, ist es leichter, sie von seinem Ernährungsplan zu streichen.

Vielleicht möchten Sie auch am Morgen mit einer Meditation oder einer Bewegungseinheit daheim beginnen. Sie könnten sich dafür in Ihrem Zuhause ein schönes Plätzchen schaffen, an dem Sie zur Ruhe kommen, Bewegungsfreiheit haben und gerne in den Tag starten. Wenn sie sich Tag für Tag wieder den Weg freiräumen müssen, ist der Frust vorprogrammiert, starten Sie lieber entspannt in den Tag in Ihrer eigenen Workout- und Meditationsoase. Sollten Sie nicht genug Platz haben, schauen Sie sich an Ihrem Wohnort um. Vielleicht ist in der Nähe ein Park oder ein anderer Ort, an dem Sie an der frischen Luft trainieren können.

Wie im vorherigen Kapitel erwähnt, könnten Sie sich ein Tagebuch anschaffen, das Ihnen hilft, Ihre Strategien zu strukturieren und Veränderungen zu beobachten.

Wenn Sie es ganz genau wissen wollen, können Sie auch beim Arzt ein Blutbild machen lassen und beispielsweise Werte wie Vitamin D, Kalium, Magnesium und Cholesterin analysieren lassen. Möglicherweise ist das ein guter Ausgangspunkt, falls Ihnen etwas fehlt, das durch die Ernährung und ergänzend auch durch Vitaminpräparate reguliert werden kann.

Im Kapitel „Praktische Hilfen zur Umsetzung" finden Sie einfach umsetzbare Anregungen und Tipps für den Anfang, wie zum Beispiel Rezepte, Buchempfehlungen und Bewegungsübungen zum Ausprobieren. Im Internet können Sie mit etwas Geduld auch einige Informationen und Tipps beziehen, der Überfluss an Informationen, der einen dort überrollt, ist allerdings schwer zu filtern und kann einen schnell frustrieren und überfordern.

Überlegen Sie erst einmal in Ruhe, was Sie als problematisch oder unangenehm wahrnehmen, was Sie stört beziehungsweise einschränkt und was Sie gerne ändern möchten. Vielleicht wissen Sie selbst, dass Ihre Ernährung durch Stress und andere Faktoren nicht immer gesund und ausgewogen ist, vielleicht nehmen Sie sich zu wenig Zeit für Bewegung, schlafen schlecht und Ihr Körper signalisiert Ihnen, dass Sie etwas ändern sollten. Hören Sie Ihrem Körper aufmerksam zu, er hat Ihnen viel zu erzählen.

Symptome wie Müdigkeit, Abgeschlagenheit, Stress oder Kopfschmerzen signalisieren, dass möglicherweise etwas nicht stimmt. Verbringen Sie zum Beispiel sehr viel Zeit vor dem Computer? Auch das allein hat schon einen großen Einfluss auf Ihren Schlaf und Ihre Konzentration.

Chronische Krankheiten sind ein weiteres Problem, das viele Menschen betrifft. Eine Lebensumstellung durch Biohacking kann bei vielen Krankheitsbildern starke Linderung verschaffen und Ihre Lebensqualität massiv steigern.

Wenn Sie die unterschiedlichen Strategien kennengelernt haben, schauen Sie für sich: Wo möchte ich anfangen, in welchem Bereich kann ich etwas ändern, in welchen Punkten fühle ich mich nicht gut, was interessiert mich, was kann ich umsetzen und wie?

Sie müssen sich nicht übernehmen, es geht darum, Stress zu minimieren, nicht darum, noch mehr zu verursachen. Fangen Sie also lieber klein als groß an und gehen Sie mit Spaß und Kreativität an die Sache. Schon wenn Sie jetzt erst einmal „nur" damit anfangen, mehrmals wöchentlich, ein morgendliches Workout in Ihren Alltag zu integrieren, haben Sie viel gewonnen. Sie müssen auf keinen Fall sofort alle möglichen Strategien ausprobieren, Sie können sich Zeit lassen, experimentieren und einfach genießen.

STRATEGIEN

Routine/ Rituale

Wir alle haben unsere Rituale, wenn auch nicht immer bewusst. Kleine oder große Dinge und Tätigkeiten, die wir, wenn möglich, immer auf die gleiche Art und Weise oder auch zur selben Zeit tun.

Rituale strukturieren unseren Tag, geben uns ein Stück Sicherheit und Ruhe.

Das heißt leider nicht, dass alle Rituale gut für uns sind. Auch wenn sich die Zigarette am Morgen zum Kaffee für den Raucher in dem Moment richtig gut anfühlt, wissen wir alle, der Raucher inbegriffen, dass dieses Ritual schädlich ist. Das Gute an Ritualen ist, man kann sie austauschen.

Tauscht man beispielsweise das Ritual der Zigarette mit dem Ritual eines kleinen Workouts am Morgen, wird das zwar anfangs sehr schwerfallen, mit der Zeit wird dies aber einen positiven Einfluss auf Körper und Wohlbefinden haben.

Rituale können auch helfen, wenn Sie das Biohacking bewusst ausprobieren möchten. Es fällt leichter dranzubleiben, wenn man sich bestimmte Verhaltensweisen angewöhnt, sei es die Bewegung am

Morgen, eine kalte Dusche oder ein großes Glas Wasser nach dem Aufstehen, der tägliche Tagebucheintrag oder das strahlende Begrüßungslächeln für den grummeligen Kollegen. Schon kleine Dinge können eine große Wirkung auf uns, unseren Körper und tatsächlich auch unsere Mitmenschen haben.

Ernährung

Die Ernährung ist ein sehr wichtiger Punkt beim Biohacking. Davon abgesehen ist eine gesunde Ernährung grundsätzlich wichtig, hat enorme Auswirkungen auf unseren Körper und wird leider viel zu oft vernachlässigt. Das hat Auswirkungen auf unsere körperliche und auch unsere geistige Gesundheit. Um zu funktionieren, braucht unser Körper und ganz speziell auch unser Gehirn gewisse Nährstoffe, Mineralstoffe und Vitamine, die er nicht alleine produzieren kann. Wir sind dafür verantwortlich, ihn bestmöglich zu versorgen, um möglichen Krankheiten vorzubeugen und uns gesund und stark zu fühlen.

Grundsätzlich sollten wir als Erstes darauf achten, unseren Körper ausreichend mit Wasser zu versorgen. Wir bestehen zu einem großen Teil aus

Wasser, können dementsprechend ohne oder mit zu wenig nur eingeschränkt funktionieren. Eine schlechte Wasserversorgung kann der Grund für Kopfschmerzen und Konzentrationsschwierigkeiten sein, kann weiterhin sogar Organe schädigen und den Körper krank machen. Starten Sie doch den Tag mit einem großen Glas Wasser, so haben Sie Ihrem Körper schon den ersten halben Liter von den empfohlenen zwei Litern zugeführt.

Wer wirklich keinen Durst verspürt oder einfach konsequent vergisst zu trinken, kann auch darauf zurückgreifen, sich Wecker zu stellen, die ans Trinken erinnern. Heutzutage sind sogar Apps verfügbar, die Sie dabei unterstützen sollen, Ihren Körper ausreichend zu hydrieren, wie zum Beispiel die App „Mein Wasser". Die Apps sind in der Regel komplexer gestaltet als ein reiner Wecker, berechnen wie viel Wasser Sie wirklich brauchen anhand Ihrer Tätigkeiten und Körperwerte und beispielsweise auch den Verlust von Flüssigkeit durch den Konsum von Alkohol. Sollten Sie Freude daran haben, neue technische Hilfsmittel auszuprobieren, könnte eine solche App Spaß machen und hilfreich sein. Aber selbstverständlich geht es auch ohne, Hauptsache ist, am Ende des Tages hat man genügend Flüssigkeit zu sich genommen.

In unserer Gesellschaft greifen viele Menschen zu minderwertigen Lebensmitteln, konsumieren in großen Mengen Zucker und schlechte Fette. Fast Food steht oft auf der Tagesordnung, viele Menschen wissen gar nicht genau, woraus ihr Essen besteht. Das Ergebnis sind müde, kranke Menschen in müden, kranken Körpern mit einem fehlenden Bewusstsein für das, was wir essen sollten und was wir uns als Essen verkaufen lassen.

Stark verarbeitete Lebensmittel, minderwertige Tierprodukte und ungesunde Zusatzstoffe werden oft gar nicht hinterfragt und gehören heute in den meisten Supermärkten einfach dazu.

Deshalb ist dieser Bereich ganz zentral, wenn es darum geht, ein gesünderes, bewussteres Leben zu führen.

Beim Biohacking sind bestimmte Ernährungsformen sehr beliebt. Gemeinsam haben diese, dass sie großen Wert auf frische, hochwertige und hauptsächlich unverarbeitete Lebensmittel legen und außerdem davon ausgehen, dass wir unseren Körper nicht permanent mit Essen versorgen müssen, sondern er am besten arbeiten kann, wenn bestimmte Lebensmittel weggelassen werden, wie zum Beispiel Zucker und stark verarbeitete Dinge, und der Körper genügend Zeit zwischen den Nahrungsaufnahmen hat.

Besonders bei der ketogenen Diät und der Paleo-Diät liegt der Fokus auf Lebensmitteln, die wenig oder keine Kohlenhydrate beinhalten.

Der Begriff „Diät" ist oft negativ behaftet. Wir assoziieren im Deutschen dieses Wort mit Verzicht, Druck, mit dem Jo-Jo-Effekt und kurzzeitigen Ergebnissen. Begreifen Sie diesen Begriff wie das Wort „Diet" im Englischen, wo es lediglich „Ernährungsweise" bedeutet. Für eine kurze Zeit seine Ernährung umzustellen, um dann wieder in alte Muster zu verfallen, ist nicht sinnvoll. Die verschiedenen Methoden, die wir Ihnen vorstellen möchten, sind als langfristige Ernährungsformen angelegt. Das primäre Ziel ist dabei nicht, auch wenn es ein angenehmer und vielleicht auch erwünschter Nebeneffekt sein kann, das Abnehmen, sondern unseren Körper gesünder und leistungsstärker und unseren Geist wacher und ausgeglichener zu machen, um uns letztendlich rundum wohler zu fühlen.

Die einzelnen Diätformen werden wir Ihnen im Folgenden genauer vorstellen, vielleicht spricht Sie eine davon an und Sie bekommen Lust etwas Neues auszuprobieren, Ihre Ernährung umzustellen und Ihrem Körper etwas Gutes zu tun.

Grundsätzlich gilt, die Ernährungsformen, die wir Ihnen hier vorstellen, sind zwar sehr beliebt, das bedeutet aber nicht, dass sie für jeden Menschen geeignet sind. Wenn Sie sich vegan ernähren, wird die Paleo-Diät, die viel mit hochwertigen Tierprodukten wie Fleisch und Eiern arbeitet, selbstverständlich nicht die ideale Diätform sein. Andererseits wäre vielleicht das Intervallfasten etwas für Sie.

Machen Sie sich keinen Druck, Sie müssen keine der vorgestellten Strategien eins zu eins umsetzen. Es handelt sich um Anregungen, die Ihnen helfen sollen, herauszufinden was Ihnen guttut.

Intervallfasten

Das Intervallfasten ist eine sehr beliebte Ernährungsform, da sie sich sehr gut in den Alltag integrieren lässt und auch für unterschiedliche Ernährungskonzepte umsetzbar ist. Bei dieser Form des Fastens wechseln sich Zeitfenster, in denen man normal essen kann, ab mit Zeitfenstern, in denen gar nicht oder nur sehr wenig gegessen wird. Es geht also letztendlich nicht darum was Sie essen, sondern wann.

Das Prinzip des Fastens wird von vielen Menschen als unnatürlich oder sogar ungesund wahrgenommen, drei Mahlzeiten am Tag gehören dazu, wie soll der Körper denn mit Hunger umgehen? Genau das Gegenteil ist allerdings der Fall. Evolutionsbiologisch betrachtet ist Fasten ein ganz natürlicher Prozess, der bei Mensch und Tier in der Natur schon immer dazugehört. Unsere Vorfahren mussten von dem zehren, was sie jagen und sammeln konnten. Gab es kein Essen, mussten Sie fasten. Dadurch waren ihre Körper darauf geschult, Energie sinnvoll einzusetzen und den Stoffwechsel an die aktuelle Situation anzupassen. Wir haben diese Fähigkeit größtenteils an unseren bequemen Lebensstil verloren, aber unsere Körper können lernen, ihre Stoffwechselprozesse wieder umzustellen und zu optimieren.

Ein guter Weg ist das Intervallfasten. Die Fastenintervalle sind sozusagen ein heilsamer Schock für den Körper. Es werden Reinigungsprozesse aktiv, der Körper lernt wieder, seine Energie effizient zu nutzen. Auch auf entzündliche Prozesse, chronische Krankheiten und sogar Krebs soll das Fasten verblüffend guten Einfluss haben.

Mit der Zeit wird das Hungergefühl reduziert und man verliert automatisch an Gewicht. Das Fasten hat einen positiven Einfluss auf den Blutzuckerspiegel und wirkt nach einer Zeit stimmungsaufhellend. Außerdem wird während des Fastenintervalls dem Körper und den Zellen Zeit gegeben, sich zu regenerieren und Stoffe zu recyceln. Der Körper braucht diese Zeit sich zu erholen, meistens wird sie ihm allerdings durch sehr regelmäßiges und reichhaltiges Essen nicht gewährt.

Diese Ernährungsform wird nicht als Kurzzeitdiät empfohlen, sondern als langfristige Ernährungsumstellung. Im Gegensatz zu einer strengen Fastenperiode oder einer Crash-Diät wird beim Intervallfasten der Stoffwechsel nicht verlangsamt und die Muskelmasse wird nicht abgebaut.

Das verhindert den bekannten Jo-Jo-Effekt, der leider oft Teil eines Crash-Diäten-Teufelskreises ist.

Die gängigen zwei Wege das Intervallfasten durchzuführen sind 8/16 und 5/2.

Die Zahlen beziehen sich auf die Zeiten, in denen

man essen/nicht essen darf.

Relativ leicht umzusetzen ist die 8/16 Variante. Das bedeutet, man hat ein Zeitfenster von 8 Stunden am Tag, in dem man normal essen darf und 16 Stunden, in denen man nichts isst. Wenn man also abends um 19 Uhr zu Abend isst, darf man erst am nächsten Tag um 11 Uhr wieder etwas essen. Wasser oder ungesüßte Tees darf man selbstverständlich auch dazwischen zu sich nehmen. Dadurch, dass über Nacht automatisch einige Stunden wegfallen, in denen man im besten Fall schläft, ist diese Art des Fastens vergleichsweise leicht umzusetzen. Das Zeitfenster von 8 Stunden sollte im besten Fall trotzdem mit gesundem Essen gefüllt werden, und essen Sie nicht mehr als sonst, der Körper braucht nicht mehr als er sonst auch bekommt.

Bei der 5/2 Variante des Intervallfastens isst man an fünf aufeinanderfolgenden Tagen ganz normal und an zwei aufeinanderfolgenden Tagen höchstens ein Viertel der üblichen Kalorienmenge.

Beide Varianten funktionieren, je nachdem wie Ihre individuellen Vorlieben sind. Bei der zweiten Variante könnte es sinnvoll sein, die Fastentage auf die Freizeit zu legen, um Stresssituationen zu vermeiden, die vielleicht doch wieder dazu verleiten, zu Nervennahrung zu greifen.

Beispiel für einen gesunden Tag mit Intervallfasten
Damit Sie eine klarere Vorstellung bekommen wie der Tagesablauf beim Intervallfasten aussehen könnte, haben wir Ihnen einen Tagesplan als Beispiel zusammengestellt.

Stehen Sie früh auf und trinken Sie erst einmal ein großes Glas Wasser.

Nehmen Sie sich Zeit für ein Workout von 15-20 Minuten, das macht Sie fit für den Tag.

Genehmigen Sie sich, wenn Sie möchten, einen Kaffee oder Tee ohne Zucker.

Wenn Sie am Vortag um 19 Uhr Ihre letzte Mahlzeit zu sich genommen haben, essen Sie um 11 Uhr Ihr Frühstück. Wenn Sie zur Arbeit gehen, bereiten Sie sich etwas Leckeres zu, auf das Sie sich freuen können.

Um 14 Uhr können Sie sich ein leichtes Mittagessen gönnen, am besten schlagen Sie sich den Bauch nicht zu voll, sonst könnten Sie müde werden.

Wenn Sie möchten, trinken Sie noch einen Kaffee. Später sollten Sie Koffein vermeiden, damit einem erholsamen Schlaf nichts im Wege steht und lieber auf Wasser oder ungesüßten Tee umsteigen.

Sollten Sie doch noch einen kleinen Hunger zwischen Mittag- und Abendessen bekommen, knabbern Sie ein paar Nüsse, Rohkost oder Obst.

Falls Sie morgens nicht gerne Sport machen, ist der frühe Abend ein guter Zeitpunkt für Ihr Workout.

Um 19 Uhr gönnen Sie sich ein leckeres, gesundes Abendessen, am besten selbst gekocht.

Gehen Sie nicht zu spät zu Bett, genug Schlaf ist sehr wichtig für die Regeneration des Körpers.

Paleo-Diät

Die Paleo-Diät, auch Steinzeit-Diät genannt, ahmt die ursprüngliche Ernährung der Jäger und Sammler nach. Das heißt verarbeitete Lebensmittel, Milchprodukte, Zucker, künstliche Zusatzstoffe oder Getreide kommen nicht auf den Tisch.

Fleisch, Fisch, Obst, Gemüse, Eier, Nüsse, Samen und gesunde Fette stehen bei der Paleo-Diät auf dem Tisch. Die Lebensmittel sollen außerdem sehr frisch und hochwertig sein.

Im besten Fall kommen Eier und Fleisch vom

regionalen Biobauern und glücklichen Tieren.

Diese Ernährungsform geht von der Theorie aus, dass der menschliche Körper durch die Evolution an ebendiese Lebensmittel angepasst wurde und sie demnach am besten verarbeitet werden können und den positivsten Einfluss auf unseren Organismus haben.

Tatsächlich berichten Anhänger der Paleo-Diät von gesteigerter Energie, besserem Schlaf, Gewichtsabnahme, Muskelaufbau, besserer Haut, einem stärkeren Immunsystem und allgemein besserer Stimmung.

Wenn man auf Paleo umsteigen möchte, ist das am Anfang sicherlich für viele eine Herausforderung, da die Palette der Lebensmittel dann stark reduziert ist.

Aber selbst mit diesen kann man tolle und leckere Mahlzeiten zaubern und bei den Versprechen lohnt sich der Versuch ganz sicher.

Falls Ihr Interesse jetzt geweckt ist, haben wir im Kapitel „Praktische Tipps zur Umsetzung" ein paar Rezepte und Buchtipps für Sie.

Ketogene Diät

Die ketogene Diät verzichtet größtenteils auf Kohlenhydrate, was zum Prozess der „Ketose" führt, die dieser Ernährungsform ihren Namen gibt.

Bei der Ketose benutzt der Körper Fett anstatt Glukose als primären Energielieferanten. Diese Art der Energiegewinnung lernt der Körper dadurch, dass er wenige Kohlenhydrate aber viele hochwertige Fette bekommt. Dadurch, dass der Körper in diesem Zustand keinen Zucker mehr zur Verfügung hat, wandelt die Leber Fette in Ketonkörper um, welche entzündungshemmend wirken und außerdem bei der Gewichtsabnahme helfen.

Der Zustand der Ketose wird außerdem durch Fasten und auch durch Leistungssport hervorgerufen.

So wird das gespeicherte Fett verbrannt, was zu automatischer Gewichtsabnahme führt, der Blutzuckerspiegel wird stabilisiert, man entwickelt mehr Energie bei vermindertem Hungergefühl.

Da Ketonkörper gute Energielieferanten für das Gehirn sind und man bei dieser Form der Ernährung viele hochwertige Fette zu sich nimmt, welche außerdem einen positiven Einfluss haben, wird zusätzlich zu den genannten positiven Auswirkungen auch die Konzentrationsfähigkeit gesteigert.

Diese Art der Ernährung lässt sich mit der Paleo-Diät gut verbinden, da in beiden Fällen wenig Kohlenhydrate im Ernährungsplan vorgesehen sind, dafür aber hochwertige Fette, wie zum Beispiel aus Fisch und Nüssen.

Bulletproof Coffee

Der „Bulletproof Coffee", auf Deutsch kugelsicherer Kaffee, ist eine Erfindung des amerikanischen Biohackers Dave Asprey.

Dieser Kaffee soll ein wahres Zaubermittel sein, soll sofort Energie liefern, sättigen und konstant Energie abgeben.

Was ist das Besondere an diesem Kaffee? Der Kaffee ist an sich nichts Besonderes, sondern seine Herstellung. Filterkaffee wird mit Butter und MCT-Öl durchgemixt und soll so, durch das Fett, sättigend wirken und auch das Koffein langsamer ins Blut gelangen lassen, was zu einem längeren und konstanten Energieschub führt.

MCT-Öl spielt eine große Rolle in der ketogenen Ernährung. Es besteht aus mittelkettigen

Fettsäuren, die zum Beispiel aus Kokosöl gewonnen werden können. Sie werden leichter verdaut als langkettige Fettsäuren und vom Körper besser aufgenommen, um dann effektiver in Energie umgewandelt zu werden.

Es klingt gewöhnungsbedürftig und tatsächlich ist dieser Kaffee Geschmackssache, während manche darauf schwören und ihn ganz besonders lecker und cremig finden, bekommen andere keinen Schluck davon herunter. In diesem Fall hilft nur ausprobieren.

Dieser Kaffee wird morgens als Frühstücksersatz getrunken, er enthält keine Kohlenhydrate und liefert trotzdem eine Menge Energie.

Das Rezept zum „Bulletproof coffee" finden Sie im Kapitel „Praktische Tipps zur Umsetzung".

Nahrungsergänzung

Nahrungsergänzungsmittel werden genutzt, um den Körper mit konzentrierten Nährstoffen und Vitaminen zu versorgen und bei Biohackern sind sie beliebt, um ihr bestmögliches Potential auszuschöpfen. An sich ist die Zugabe von hochwertigen Nährstoffen empfehlenswert, doch genau wie bei

Lebensmitteln ist zu beachten, dass es große Unterschiede in Verarbeitung und Qualität gibt. Es gibt einige Hersteller, die den Mitteln ungesunde, billige Zusatzstoffe, Süßungsmittel und Aromen zuführen. Damit tun Sie, selbst wenn auch das Vitamin enthalten ist, Ihrem Körper nichts Gutes. Wichtig ist außerdem eine richtige Zusammenstellung der Inhaltsstoffe. Es reicht nicht nur, den Nährstoff an sich einzunehmen, er muss auch richtig vom Körper aufgenommen werden können. Dafür sind die richtige Verarbeitung und Zusammensetzung wichtig.

Das bedeutet, wenn Sie diese Mittel nutzen möchten, achten Sie auf Qualität und nehmen Sie dafür lieber einen höheren Preis für ein hochwertiges Produkt in Kauf. Wenn Sie sich nicht sicher sind, lassen Sie die Nahrungsergänzung weg. Schließlich sollte Ihr Körper bei guter Ernährung ohnehin mit den wichtigsten Nährstoffen versorgt sein.

Nahrungsergänzungsmittel finden Sie in unterschiedlichen Darreichungsformen, von Kapseln über Tabletten bis hin zu Flüssigkeiten.

Biohacking und Alkohol

Dass der komplette Verzicht auf Alkohol der gesündeste Weg ist mit Alkohol umzugehen, wissen wir eigentlich alle.

Trotzdem muss man nicht auf jedes Glas verzichten, wenn man gerne mal mit seinen Freunden einen trinkt. Eher auf das Wie und das Was kommt es an.

Es gibt einige Möglichkeiten, den Körper beim Konsum von Alkohol so zu unterstützen, dass er den feuchtfröhlichen Abend gut verkraften kann und auch der Kater im besten Fall ausbleibt.

Alkohol ist nicht gleich Alkohol. Beispielsweise enthalten die Klassiker Wein und Bier mehr Giftstoffe als destillierter Alkohol wie Wodka, der tatsächlich am besten und angenehmsten verarbeitet und abgebaut werden kann.

Diese Giftstoffe, die wir ihm zuführen, möchte der Körper schnell wieder loswerden und das tut er über den Urin. Im Umkehrschluss bedeutet das, je mehr Bier wir trinken, desto mehr dehydriert unser Körper. Dem können wir schon beim Trinken entgegenwirken, indem wir nach jedem Glas ein Glas Wasser trinken.

Auch verbraucht der Körper beim Kampf mit dem Alkohol viel Vitamin C, auch das kann man schon beim Trinken wieder ausgleichen, um dem Körper unter die Arme zu greifen.

Wenn man sich an diese einfachen Tipps hält, kann man sich selbstverständlich auch mal ein Glas oder zwei gönnen, auch wenn ganz weglassen immer noch am allerbesten wäre.

Schlaf

Schlaf ist für unseren Körper und unseren Geist sehr wichtig, davon kann jeder, der unter Schlaflosigkeit leidet, ein Lied singen. Fehlt uns Schlaf, fühlen wir uns nicht wohl, wir können uns nicht konzentrieren, wir fühlen uns ausgelaugt und jede noch so kleine Tätigkeit wird zur Qual. Dem Körper fehlen die Zeit und Ruhe, die er braucht, um sich zu regenerieren. Viele Reparatur- und Recyclingprozesse im Körper finden statt während wir schlafen. Sogar auf das Gewicht kann das einen erheblichen Einfluss haben, denn durch einen schlechten Schlaf entsteht ein Hormonungleichgewicht. Das den Hunger regulierende Hormon Leptin wird nicht ausreichend ausgeschüttet, der Körper bildet sich ein, hungrig zu sein und wir essen mehr.

Glücklicherweise gibt es einige Strategien, um den Schlaf zu verbessern und so gesund und fit in den Tag zu starten.

Ein wichtiger Punkt ist die Reduktion von Blaulicht. Wir verbringen viel Zeit vor diversen Bildschirmen, was die Bildung von Einschlafhormonen reduziert. Deshalb sollte man besonders in den Abendstunden vermeiden, sich diesem auszusetzen.

Sollte das nicht möglich sein, gibt es ein paar Hilfsmittel wie beispielsweise Blaulicht reduzierende Folien für den Bildschirm oder auch Blaulichtschutzbrillen. Für sein Handy kann man sich Blaulicht reduzierende Apps herunterladen.

Außerdem ist das Schlafen in dunklen, kühlen Räumen besonders effektiv, jede noch so kleine Lichtquelle, wie beispielsweise ein Stand-by-Licht, kann die Schlafqualität mindern. Eine Temperatur zwischen 16 und 20 Grad Celsius ist ideal.

Weitere Hilfen sind ein frühes Abendessen, denn hat der Verdauungstrakt beim Schlafen zu viel zu tun wacht man nicht erholt auf, und gleichbleibende Zeiten, um schlafen zu gehen. Der Körper wird so auf eine bestimmte Zeit konditioniert und kann besser einschlafen.

Man kann sicherlich nicht immer alle Punkte umsetzen, doch schon kleine Veränderungen können Wunder wirken. Sollten Sie das Gefühl haben, dass Ihr Schlaf verbesserungswürdig ist, probieren Sie einfach mal ein paar Vorschläge aus.

Sport/Bewegung

Dass Sport wichtig für unsere Gesundheit ist, ist schon lange kein Geheimnis mehr. Sport fördert die körperliche und geistige Gesundheit, dient dem Stressabbau und schützt vor Krankheiten wie Herz-Kreislauf-Erkrankungen, Diabetes und Übergewicht.

Trotzdem, viele kennen das allzu gut, wenn da häufig dieser hartnäckige innere Schweinehund ist, die viele Arbeit und der straffe Tagesplan, die alle keine ausgedehnten Sporteinheiten zulassen. Das Gute ist, es muss gar nicht so viel sein wie man denkt. Es fängt schon mit Kleinigkeiten an, wie die Treppe nehmen, anstatt den Aufzug zu benutzen. Sollten Sie bei der Arbeit viel sitzen, stehen Sie regelmäßig auf und gönnen Sie Ihrem Körper ein bisschen Bewegung.

Wenn wir Sport treiben, wird das Herz

gefordert, die Blutgefäße weiten sich und der Körper wird so besser durchblutet und mit Sauerstoff versorgt. Das Immunsystem wird stärker, unsere Stimmung und unser allgemeines Wohlbefinden werden mit der Zeit besser.

Auch die Knochen werden durch Sport gestärkt. Ohne Bewegung werden die Gelenke brüchig, das Risiko für Osteoporose steigt.

Sie sehen, es gibt zahlreiche Gründe für Sport, nicht nur äußerliche, sondern auch das Innere unseres Körpers profitiert stark von regelmäßiger Bewegung.

Unser Körper benötigt Bewegung also sehr dringend.

Das bedeutet nicht, dass Sie jetzt tagtäglich stundenlange Sportprogramme in Ihren Tagesablauf integrieren müssen. Schon dreimal die Woche 20 Minuten Training sind sehr effektiv.

Eine Trainingsweise, die sich gut in den Alltag integrieren lässt, ist beispielsweise das HIIT Training (High Intensity Interval Training). Dabei handelt es sich um kurze, aber knackige und effektive Trainingseinheiten, die sich gut in den Tag einbauen lassen.

Es wechseln sich bei diesem Training intensive Belastungseinheiten mit Ruhepausen ab, allerdings ohne strikte Vorgaben wie lange das Training gehen muss, das kann stark variieren und muss auch nicht immer gleich sein. Für Anfänger ist ein Belastungsintervall von 15 Sekunden, gefolgt von einer Ruhephase von 30 Sekunden empfehlenswert.

Das HIIT Training ist besonders sinnvoll für Menschen, die nicht viel Zeit zur Verfügung haben. Durch die intensiven Belastungseinheiten ist dieses Workout unheimlich effektiv und bündelt in kurzer Zeit Ergebnisse, für die man zum Beispiel durch klassischen Ausdauersport wesentlich längere Trainingseinheiten absolvieren müsste.

Bei Trainingseinheiten ab 15 Minuten sollte man auf jeden Fall einen Tag Pause dazwischen machen, um dem Körper Zeit zur Regeneration zu geben. Grundsätzlich gilt es, lieber vorsichtig zu starten, weniger ist in diesem Fall für Anfänger mehr. Wenn Sie Ihren Körper überlasten, kann das Schäden zur Folge haben und dient außerdem nicht der Motivation.

Wenn Sie mit HIIT trainieren, verbrennt Ihr Körper sehr effektiv Körperfett, baut Muskeln auf und kurbelt den Stoffwechsel an. Wichtig ist, dass Sie nicht vergessen, sich vor dem Training aufzuwärmen, um Ihre Muskeln gut vorzubereiten und Schäden zu vermeiden. Wenn Muskeln vor dem Training nicht aufgewärmt und gedehnt werden, kann die plötzliche Belastung dazu führen, dass Sie Schäden davontragen. Beschädigte Muskeln stützen wiederum die Gelenke nicht optimal, was auch diese langfristig schädigen kann. Machen Sie also vor dem Training ein paar Dehnübungen, um Schäden vorzubeugen und Ihre Muskulatur vorzubereiten.

Grundsätzlich wird Training am Morgen empfohlen, zu dieser Tageszeit wird die Fettverbrennung optimal angekurbelt und durch die Aktivierung des Stoffwechsels verbrennt der Körper den ganzen Tag über mehr Kalorien als bei einem Training zu einer anderen Zeit.

Im Kapitel „Praktische Tipps zur Umsetzung" bekommen Sie dazu ein paar leicht verständliche Übungsbeschreibungen für den Anfang und außerdem Buchvorschläge und Tipps, damit Sie, wenn Sie möchten, sofort mit dem Training loslegen können.

Umfeld

Wir leben heute in der Regel kaum noch in einem natürlichen Umfeld. Künstliches Licht, unnatürliche elektromagnetische Felder, Belastung durch Geräusche sind omnipräsent. Unser Körper wird vielen Dingen ausgesetzt, die uns körperlich und psychisch nicht guttun und es ist schwer, sich von diesen Einflüssen fernzuhalten.

Selbstverständlich kann man nicht jeden dieser Einflüsse kontrollieren oder abwehren, aber wir können kleine Dinge tun, um sie zu minimieren.

Wenn wir schon viele Stunden am Tag für die Arbeit mit Laptop und Handy hantieren, wieso fällt es uns so schwer, in unserer Freizeit damit aufzuhören?

Anstatt auf der Couch zu liegen mit dem laufenden Fernseher, mit Kunstlicht und parallel dem Handy in der Hand, könnte man rausgehen, einen Spaziergang im Tageslicht im Wald machen, abschalten vom Digitalen. Vielleicht sogar mehr als ein paar Stunden. Digitales Fasten tut gut.

Überschlagen Sie doch einmal kurz im Kopf, wie viel Zeit Sie am Tag durchschnittlich vor Ihrem Handy, Computer oder Laptop verbringen. Nicht, um zu arbeiten, das lässt sich leider nicht immer vermeiden, sondern einfach nur zum Zeitvertreib, aus Langeweile oder aus Angst etwas zu verpassen. Und dann überlegen Sie, was Sie eigentlich in dieser Zeit alles für sich tun könnten.

Beobachten Sie Ihre Verhaltensweisen, was tut Ihnen gut, was nicht und woran können Sie etwas ändern? Ist es möglich, mal einen Tag komplett auf jede Art von Bildschirm zu verzichten?

Entspannung

Beim Biohacking geht es nicht darum zu müssen, es geht darum, unser Leben und unser Wohlbefinden zu verbessern und das Beste aus uns herauszuholen. Aber wir sind keine Maschinen und wir können nicht immer auf Hochtouren laufen. Entspannung ist ein wichtiger Aspekt des Biohackings.

Dabei geht es nicht nur um Meditation und Nichtstun, sondern auch um eine entspannte Einstellung und Raum für Spiel und Kreativität.

Wenn Sie morgens aufstehen und sich als Erstes fragen wofür Sie dankbar sein können in Ihrem Leben, werden Sie Ihren Kollegen eher mit einem Lächeln begegnen, als wenn Sie sich bemitleiden dafür, dass Sie schon wieder zur Arbeit müssen.

Haben Sie Spaß, gehen Sie raus, spielen Sie, trauen Sie sich, kreativ zu werden. Beziehen Sie Menschen mit ein, teilen Sie Ihre Freude mit anderen. Eine positive Grundeinstellung wirkt sich auf alle Bereiche Ihres Lebens aus.

Sie müssen nicht anfangen auf der Straße zu tanzen, manchmal reicht es auch für den Anfang, einfach bewusst zu lächeln.

Finden Sie heraus was Stressfaktoren für Sie sind. Können Sie daran etwas ändern und vielleicht auch welche komplett streichen?

Atemübungen und Meditation sowie Zeit in der Natur können außerdem beim Entspannen helfen und großen Einfluss auf unseren Stresspegel haben.

Im Folgenden gehen wir noch deutlicher auf diese Bereiche ein, vielleicht ist etwas für Sie dabei, das Sie gerne ausprobieren möchten.

Meditation
Den Begriff Meditation hat jeder schon einmal gehört und jeder hat eigene Assoziationen dazu, aber worum geht es beim Meditieren eigentlich und kann das jeder?

Meditation kann man lernen. Vielen Menschen

fällt es schwer, den Geist zur Ruhe kommen zu lassen, das erfordert Übung. Wenn man allerdings dranbleibt, ist die Meditation ein tolles Instrument zum Stressabbau.

Zu Beginn ist es gut, die Meditation immer am gleichen Ort durchzuführen, einem Ort, der zwar nicht viele Ablenkungen bietet, an dem man sich allerdings wohlfühlt. Das ist zwar kein Muss, allerdings kann man sich an einem gewohnten Ort, der zur Entspannung ausgelegt ist, einfach besser lockern. Auch die Kleidung sollte bequem sein, nicht zu eng, nicht zu warm, nicht zu kalt.

Das Meditieren stellt man sich meist in einer Variation des Schneidersitzes vor, allerdings gibt es keine Regeln. Setzen oder knien Sie sich so, dass es für Sie angenehm ist und dass Sie bequem zur Ruhe kommen können.

Wichtig ist es, alle Ablenkungen aus der Meditationszone zu räumen, also kein Handy beim Meditieren. Es geht darum, die Gedanken zur Ruhe kommen zu lassen, das ist am Anfang auch ohne Ablenkungen von außen schon schwer genug.

Starten Sie mit kurzen Einheiten von ein paar Minuten. Sie werden merken, dass das ohne Übung schon schwer genug ist. Versuchen Sie Gedanken die aufkommen wegzuschieben, konzentrieren Sie sich für den Anfang zum Beispiel auf Ihre Atmung, auf einen bestimmten Ort, den Sie in Gedanken visualisieren und erforschen oder darauf, bestimmte Körperteile zu spüren.

Geduld und Durchhaltevermögen sind gefragt, doch mit der Zeit wird es einfacher und Sie werden merken, wie das Meditieren einen positiven Einfluss auf Ihr Wohlbefinden gewinnt.

Kalte Thermogenese
Bestimmt haben Sie auch schon öfter gehört, dass kalte Duschen besonders gesund sein sollen. Tatsache ist, das stimmt!

Eine tägliche kalte Dusche hat enorme positive Auswirkungen auf den Körper, so unangenehm sie auch sein mag.

Tatsächlich kurbelt eine kalte Dusche den Stoffwechsel an, der Körper füllt sich reflexartig mit Sauerstoff, um den Kälteschock auszugleichen und wir sind voller Energie. Auch das Immunsystem wird gestärkt und die Fettverbrennung angekurbelt.

In unserem Körper haben wir zwei Arten von

Fett, braunes und weißes. Das weiße Fett ist das unbeliebte, das sich gerne in Form von Fettpolstern ansammelt. Das braune Fett hingegen sitzt zwischen den Muskeln und hat die Fähigkeit, Kalorien und Fett zu verbrennen. Im Gegensatz zum weißen Fett ist es kein Energiespeicher, sondern ist für Energiegewinnung und Wärmeerzeugung zuständig.

Durch die Konfrontation mit der Kälte bildet sich mehr braunes Fett, was die Verbrennung von weißem Fett ankurbelt.

Sie sehen also, die Überwindung lohnt sich und der Gewinn für Körper und Wohlbefinden ist hoch.

Tatsächlich soll Kälte auch bei entzündlichen Krankheiten und chronischen Schmerzen eine große Wirkung haben.

Sollten Sie allerdings erkältet sein, unter Fieber leiden, Probleme mit der Schilddrüse oder Ihrem Immunsystem haben, verzichten Sie auf die Kälte, diese könnte in dem Fall den Körper zusätzlich belasten.

Sollten Sie sich wirklich nicht überwinden können, direkt unter eine eiskalte Dusche zu springen, tasten Sie sich heran, das fällt vielen Menschen leichter. Beginnen Sie mit warmem Wasser und stellen Sie es nach und nach während des Duschens kälter. So kann der Körper sich langsam an die Kälte gewöhnen und es braucht nicht so eine enorme Überwindung. Trotzdem ist jede Stufe kälter im ersten Moment unangenehm, aber halten Sie durch, denn nach zehn bis zwanzig Sekunden hat sich der Körper an die neue Temperatur gewöhnt. Und mit ein bisschen Übung schaffen Sie nach kurzer Zeit schon eine ganze Minute unter der kalten Dusche.

Natur
Über die negativen Auswirkungen einer unnatürlichen Umgebung hatten wir schon gesprochen, nun kommt das Gegenmittel, die Natur.

Wenn wir uns in der Natur aufhalten, passiert etwas mit uns. Die künstlichen äußeren Einflüsse sind auf ein Minimum reduziert, all die Reize und die Überstimulation, denen wir permanent ausgesetzt sind, pausieren.

Wir kommen zur Ruhe, unser Geist kann sich entspannen. Wir beobachten aktiv selbst, da wir nicht wahllos von allen Seiten mit visuellen Informationen bombardiert werden, das schult unsere Aufmerksamkeit, wir können uns besser konzentrieren.

Nicht ohne Grund werden Entspannungs-CDs

mit Naturgeräuschen verkauft. Was im eigenen Wohnzimmer manch einem albern erscheinen mag, ist tatsächlich ein gutes Instrument zur Entspannung. Naturklänge wirken beruhigend auf uns, Sie können diese auch sehr gut beim Meditieren verwenden.

Auch für den Körper sind regelmäßige Aufenthalte in der Natur sehr wohltuend. Wer sich oft draußen aufhält, muss sich an unterschiedliche Bedingungen anpassen, das stärkt das Immunsystem.

Sonnenlicht tut uns gut, es ist wichtig für die Produktion von Vitamin D und wirkt stimmungsaufhellend. Im Winter wird aufgrund des fehlenden Tageslichts weniger vom Glückshormon Serotonin hergestellt. Also nutzen Sie die Sonnenstunden so gut Sie können im Freien.

In Japan, wo traditionelle natürliche Heilmethoden Teil einer alten Kultur sind, wird „Shinrin-Yoku" praktiziert, Waldbaden. Forscher fanden heraus, dass schon nach einem kurzen Aufenthalt im Wald Zellen gebildet wurden, die Tumorzellen und mit einem Virus infizierte Zellen bekämpfen.

Der regelmäßige Aufenthalt im Wald hat also auf Körper und Geist eine therapeutische Wirkung.

Wichtig ist selbstverständlich beim Aufenthalt im Freien die geeignete Kleidung. Man kann auch bei Kälte, Regen und Schnee raus in die Natur, dann macht die richtige Funktionskleidung allerdings Sinn. Den Wald mit nassen Füßen zu erkunden, macht nicht einmal den hartgesottensten Naturburschen Spaß.

Ganz abgesehen von den bisher aufgeführten Vorteilen, schenkt uns die Natur eine Menge wundervoller und leckerer Sachen. Mit ein bisschen Übung kann man zu unterschiedlichen Jahreszeiten viele Leckereien im Wald finden, zum Beispiel Bärlauch im Frühjahr oder Pilze im Herbst. Viele wilde Kräuter, Nüsse, Früchte wachsen in unseren Wäldern und es macht unheimlich viel Freude danach zu suchen und dann die selbst gesammelten Lebensmittel zu verarbeiten und zu verspeisen.

Auch die Kreativen unter Ihnen dürften im Wald Unmengen an Naturmaterial finden, mit dem man schöne und praktische Dinge herstellen kann. Der Kreativität sind dabei keine Grenzen gesetzt.

Im Kapitel „Praktische Tipps zur Umsetzung" finden Sie einige Buchtipps zu diesem Thema.

Leider hat nicht jeder die wilde Natur direkt vor

der Tür.

Aber selbst, wenn Sie in der Großstadt leben, gehen Sie in den Park, finden Sie Grünflächen für sich und nutzen Sie ihre entspannende Wirkung.

Schon alleine barfuß über eine Wiese zu laufen, lässt die Glückshormone hüpfen. Sie sehen es gibt keine Ausreden. Probieren Sie es einfach aus, Sie werden merken, was für einen positiven Einfluss die Natur auf Sie haben wird und vielleicht ist ja ab und zu ein Ausflug in den nächsten Wald möglich.

Technische Hilfsmittel

Biohacker bedienen sich gerne technischer Hilfsmittel, um ihren Körper besser zu verstehen und Messwerte zu generieren, anhand derer sie ihren Körper optimieren können. Das geht von kleinen externen Messgeräten über spezielle Apps bis hin zu implantierten Chips.

An sich ist das kein neues Phänomen. Die Medizin bedient sich schon lange implantierter Hilfsmittel, wie zum Beispiel Herzschrittmacher, Cochlea-Implantate oder Sensoren zur Messung des Blutzuckers für Menschen, die an Diabetes leiden. Hier sprechen wir allerdings von medizinisch notwendigen oder wenigstens sehr hilfreichen technischen Produkten, die notwendig sind, um dem Nutzer ein gesünderes und angenehmeres Leben zu ermöglichen.

Letztendlich müssen Sie sich fragen, inwieweit Sie technische Hilfe brauchen, um Ihr Wohlbefinden zu verbessern. Einige Hilfen, wie Schrittzähler oder eine Wasser-App, können im Alltag nützlich sein, um ein Gefühl dafür zu bekommen, wie viel wir uns eigentlich tatsächlich bewegen oder ob uns etwas fehlt. Sogenannte Wearables, also kleine Computer wie Smartwatches und Fitnessarmbänder, die wir am Körper tragen und unterschiedliche Körperfunktionen messen, sind auch sehr beliebt. Absolut notwendig sind diese Gadgets allerdings nicht.

Besonders wenn wir darüber sprechen, unsere Umgebung natürlicher zu gestalten, Digitales zu reduzieren und ein Gefühl für uns selbst zu bekommen, stellt sich die Frage, inwieweit wir dafür von Technik abhängen möchten.

Das können Sie ganz individuell für sich entscheiden und ausprobieren.

PRAKTISCHE HILFEN ZUR UMSETZUNG FÜR EINSTEIGER UND NEUGIERIGE

In diesem Kapitel möchten wir Ihnen einige praktische Umsetzungsmöglichkeiten mit auf dem Weg geben, die den Start erleichtern und Ihre Neugier wecken sollen.

Wie stellen Ihnen einige Rezepte vor, geben Ihnen Buchtipps zu den unterschiedlichen Bereichen und fassen Anregungen aus dem Ratgeber zusammen, um Ihnen eine bessere Übersicht zu geben.

Tipps für den Start

Sie möchten Ihre Ernährung umstellen? Räumen Sie Ihre Küche auf, überlegen Sie, welche Lebensmittel Sie nicht mehr brauchen und wem Sie damit eine Freude machen könnten.

Vielleicht legen Sie sich eine Rezeptsammlung an und ein Tagebuch zur Dokumentation Ihrer Beobachtungen.

Wenn Sie Ihr direktes Umfeld neu strukturieren, kann Ihr Kopf sich besser auf einen Neustart einlassen.

Starten Sie mit positiven Gedanken in den Tag.

Wofür sind Sie dankbar, was lieben Sie an Ihrem Leben? Wenn es hilft, können Sie diese Gedanken aufschreiben und sammeln.

Schenken Sie ein Lächeln und Ihre Grundstimmung verändert sich sofort.

Sie haben vor, Meditation und HIIT Training in Ihren Alltag zu integrieren? Schaffen Sie sich in Ihrem Wohnbereich einen kleinen Ort, an dem Sie abschalten können oder genug Bewegungsfreiheit fürs Training haben. Richten Sie ihn so ein, dass Sie gerne den Tag dort starten.

Sie trauen sich unter die kalte Dusche? Fangen Sie langsam an, sich daran zu gewöhnen und Sie werden schnell merken, wie positiv sich das auf Ihr Wohlbefinden auswirkt.

Sollten Sie beobachten, dass Sie über den Tag verteilt zu wenig trinken, starten Sie mit einem großen Glas Wasser in den Morgen.

Wenn Sie merken, dass Sie nicht genug an die frische Luft und in die Natur kommen, überlegen Sie sich, wo Sie vielleicht einen Spaziergang oder einen Ausflug in Ihren Alltag integrieren können.

Versuchen Sie darauf zu achten, dass Sie nicht zu spät essen und vor dem Schlafengehen Arbeit am

Bildschirm oder Fernsehen vermeiden. Dunkeln Sie den Raum gut ab. Sollte das nicht gehen, probieren Sie doch einmal aus, wie Sie mit einer Schlafmaske schlafen können.

Nutzen Sie jede Möglichkeit, sich im Alltag zu bewegen. Nehmen Sie die Treppe statt des Aufzugs, wenn Sie auf der Arbeit viel sitzen müssen, versuchen Sie regelmäßig aufzustehen, fahren Sie mit dem Fahrrad, überlegen Sie für sich, an welchen Punkten kleine Veränderungen zu mehr Bewegung führen könnten.

Rezepte

Auch wenn in der Paleo-Diät und in der ketogenen Diät viele Lebensmittel nicht erlaubt sind, können Sie trotzdem ein leckeres Frühstück ohne Brot und Müsli und köstliche Gerichte zaubern.

Hier ein paar Anregungen für Sie. Die folgenden Rezepte können Sie in beiden Ernährungsformen anwenden. Mehr Rezepte finden Sie im Internet oder in unseren Buchtipps zu dem Thema.

PALEO-PFANNKUCHEN

Zutaten

eine reife Banane

drei Bio-Eier

ein EL Kokosmehl

½ TL Vanillepulver

zwei TL Kokosöl

Obst und Nüsse Ihrer Wahl

Zubereitung

1. Pürieren Sie die Banane bis sie schön cremig ist. Geben Sie die Eier hinzu und verrühren Sie gründlich, dann geben Sie das Kokosmehl und das Vanillepulver hinzu und verrühren, bis ein zähflüssiger Teig entsteht.

2. Erhitzen Sie das Kokosöl in einer Pfanne und braten Sie darin die Pfannkuchen goldgelb.

3. Garnieren Sie die Pfannkuchen mit Obst und/oder Nüssen Ihrer Wahl.

4. Guten Appetit!

PALEO-BOWL

Zutaten

eine Banane

eine Handvoll Heidelbeeren

Obst Ihrer Wahl

Cashewnüsse

Chia-Samen

Mandelmilch

Zubereitung

1. Pürieren Sie die Banane mit den Heidelbeeren und der Mandelmilch. Geben Sie Chia-Samen hinzu und lassen Sie die Mischung ein paar Minuten quellen. Zwischendurch umrühren. Sie können die Bowl mit Obst Ihrer Wahl und Cashewnüssen garnieren. Die Bowl schmeckt lecker, macht satt und liefert viel gute Energie für den Tag.

ANANASBURGER

Zutaten

600 Gramm hochwertiges Rinderhackfleisch

eine Ananas

eine große rote Zwiebel

eine kleine Zwiebel

½ TL Chilipulver

zwei EL Kokosöl

Salz

Pfeffer

Zubereitung

1. Schälen Sie die Ananas, schneiden Sie acht Scheiben und entfernen Sie aus diesen den harten Strunk. Schneiden Sie die roten Zwiebeln in Ringe.

2. Die kleine Zwiebel können Sie würfeln und mit dem Hackfleisch, dem Chili, Salz und Pfeffer zu einem Teig verkneten.

3. Verteilen Sie die Zwiebeln und Ananasscheiben am besten auf zwei Pfannen und braten Sie alles an. Danach formen Sie das Fleisch zu Burgern und braten auch diese. Die Pattys werden mit den

gebratenen Zwiebelringen zwischen zwei Scheiben Ananas gelegt. Dazu passt hervorragend eine
selbst gemachte Avocadocreme (Guacamole).

GUACAMOLE

Zutaten

zwei Avocados

frische Chilischoten nach Belieben

zwei Knoblauchzehen

zwei EL Zitronensaft

Salz

Pfeffer

Zubereitung

1. Knoblauch pressen und Chili fein hacken.
2. Das Fruchtfleisch der Avocado mit dem Löffel entnehmen und mit einer Gabel zerkleinern. Knoblauch, Chili und Zitronensaft unterrühren, mit Salz und Pfeffer würzen und nach Belieben mit Petersilie und Koriander garnieren.
3. Avocados sind nicht nur sehr leckere Früchte, sie sind auch voll mit wichtigen Vitaminen und Nährstoffen. Avocados liefern gute ungesättigte Fettsäuren, stecken voller Kalium, Folsäure und anderer Vitamine, die wichtig für unseren Körper und unsere Gesundheit sind. Außerdem sind sie ballaststoffreich und vielseitig verwendbar.

SHAKSHUKA

Zutaten

ein EL Kokosöl

zwei Knoblauchzehen

eine Zwiebel

ein EL Tomatenmark

eine rote Paprika

vier Tomaten

400 g gehackte Tomaten

ein TL Paprikapulver

Salz

Pfeffer

Chili

vier Eier

gehackte Petersilie

Zubereitung

1. Hacken Sie den Knoblauch und schneiden Sie die Zwiebel, die Paprika und die Tomaten in kleine Würfel. Braten Sie Knoblauch und Zwiebeln an und geben Sie dann das Tomatenmark hinzu. Paprika und Tomaten dazugeben und ein paar Minuten köcheln lassen, dann geben Sie die gehackten

Tomaten

2. dazu und würzen nach Belieben mit Pfeffer, Salz und Chili.

3. Lassen Sie das Ganze zehn Minuten köcheln. Dann formen Sie mit einem Löffel 4 Mulden in die Pfanne und schlagen die Eier hinein. Decken Sie die Pfanne ab und lassen Sie die Eier stocken bis das Eiweiß fest, das Eigelb aber noch flüssig ist. Wenn Sie das nicht mögen, können Sie die Eier selbstverständlich auch stocken lassen.

4. Mit Petersilie garnieren und servieren.

5. Für die Veganer unter uns lässt sich das Gericht auch ohne Ei zubereiten.

6. Mit Kichererbsen oder auch selbst gemachtem Hummus beispielsweise schmeckt die würzige Tomatenpfanne auch köstlich. Wobei man dazu sagen muss, dass diese Variante beispielsweise für eine strenge Paleo-Ernährungsweise nicht geeignet wäre.

HUMMUS

Hummus ist ganz leicht selbst zu machen und erfreut sich seit einiger Zeit auch bei uns großer Beliebtheit. Für die Zubereitung können Sie einfach auf Kichererbsen aus der Dose zurückgreifen oder aber Sie können getrocknete verwenden, die allerdings häufig eine lange Einweichzeit benötigen.

Zutaten

eine Dose Kichererbsen

zwei Knoblauchzehen

zwei oder drei EL Tahin, je nach Geschmack mehr oder weniger

Saft von 1-2 Zitronen

3-4 EL Olivenöl

Salz

Pfeffer

Chilipulver

Kreuzkümmel

Zubereitung

1. Geben Sie die Zutaten einfach zusammen in ein hohes Gefäß und mixen Sie sie mit einem

Stabmixer bis Sie einen cremigen Hummus haben. Sollte er noch zu fest sein, geben Sie ruhig noch etwas Öl oder Zitronensaft dazu.

2. Angerichtet wird der Hummus meist auf einem Teller, wo er mit einem Löffel glattgestrichen wird, so dass sich in der Mitte eine Mulde befindet, in die man Olivenöl träufeln kann. Garnieren und würzen kann man ihn dann mit Chilipulver, Kreuzkümmel sowie Petersilie und/oder Koriander.

3. Hummus eignet sich vor allem sehr gut als Dip und als Brotaufstrich.

BULLETPROOF COFFEE

Zutaten

250 ml Kaffee

2 EL MCT-Öl

2 EL hochwertige Butter

Zubereitung

1. Die Zutaten mit dem Hochleistungsmixer pürieren, bis ein leckerer, cremiger Kaffee entstanden ist. Wenn Sie keinen Hochleistungsmixer haben, können Sie auch einen Stabmixer benutzen.
2. Wie schon erwähnt, ist dieser Kaffee Geschmackssache. Jedoch schwören viele Biohacker auf seine Wirkung, also, Probieren geht über Studieren.

HIIT-Übungen

Wenn Sie Anfänger sind, starten Sie mit 15 Sekunden Belastung und 30 Sekunden Pause. Machen Sie so viele Wiederholungen wie möglich, aber hören Sie auf Ihren Körper. Es bringt nichts, ihn direkt zu überlasten, Sie werden mit der Zeit ganz von selbst immer mehr schaffen.

Machen Sie einen Tag Pause zwischen den Trainingseinheiten, damit Ihre Muskeln sich regenerieren können. An Ihrem trainingsfreien Tag könnten Sie beispielsweise stattdessen eine Meditation durchführen. So haben Sie ein konstantes morgendliches Ritual und müssen sich nicht alle zwei Tage neu überwinden, nach dem Aufstehen etwas für sich zu tun.

Bevor Sie mit den Übungen starten, wärmen Sie sich unbedingt mit Dehnübungen und zum Beispiel klassischen Hampelmännern auf. Die Muskeln brauchen diese Vorbereitung, sonst ist es möglich, dass Sie sie beim Training schädigen.

Im Folgenden haben wie ein paar einfache Übungen zum Einsteigen für Sie, die Sie ohne Weiteres in Ihrem Zuhause machen können.

Praktisch zum Trainieren sind eine Trainingsmatte und Gewichte.

Statt Gewichten kann man alternativ auch Wasserflaschen oder Ähnliches nehmen.

SQUATS MIT STRECKSPRUNG

1. Stellen Sie sich etwa hüftbreit hin.
2. Gehen Sie mit Schwung in die Hocke und springen Sie in die Luft, wobei Sie sich so weit wie möglich nach oben strecken.

KNIEBEUGEN MIT KICK

1. Beginnen Sie in der Kniebeugeposition.
2. Die Hände liegen am Hinterkopf.
3. Richten Sie sich mit Schwung auf und kicken Sie dabei mit dem rechten Bein so weit wie möglich nach vorne. Danach wechseln Sie die Seite und machen das Gleiche mit dem anderen Bein.

HOHER SPRUNG AUS DEM STAND

1. Beginnen Sie im aufrechten Stand.
2. Gehen Sie leicht in die Hocke und springen Sie so hoch wie möglich in die Luft. Dabei ziehen Sie die Knie so hoch wie möglich zur Brust.

SIT-UPS MIT GEWICHT

1. Legen Sie sich mit angewinkelten Beinen auf die Trainingsmatte.
2. Nehmen Sie sich ein Gewicht und halten Sie die Arme etwa auf Brusthöhe.
3. Richten Sie sich langsam auf, nicht mit Schwung, sondern mit den Bauchmuskeln.

4. Dies sind für den Anfang nur ein paar Übungen, die Sie ausprobieren können. Die Palette an möglichen Übungen ist natürlich enorm, im Internet finden Sie viele Übungsbeschreibungen und schauen Sie doch auch einmal bei unseren Buchempfehlungen nach.

Meditationsübungen

Wenn Sie in die Welt der Meditation einsteigen möchten, um besser zu sich selbst und zur Ruhe finden zu können, haben Sie Geduld.

Zum Meditieren gibt es kein allgemeingültiges Verfahren, jeder Mensch ist anders und meditiert anders. Also seien Sie geduldig mit sich selbst und finden Sie so Schritt für Schritt heraus, was Ihnen guttut.

Beim Meditieren spielt die Routine eine große Rolle. Es braucht Übung und Zeit, um zu lernen, seine Gedanken zu fokussieren und loszulassen. Fangen

Sie mit kurzen Einheiten von 5-10 Minuten an, übernehmen Sie sich gerade zu Anfang nicht, so vermeiden Sie Frustration und finden in Ruhe den besten Weg der Meditation für sich.

Wir haben Ihnen hier ein paar Meditationsübungen für den Anfang zusammengestellt.

Machen Sie es sich gerne bequem und probieren Sie sie in aller Ruhe für sich aus.

ÜBUNG: NASENATMUNG

1. Diese Übung können Sie im Grunde überall machen und auch zwischendurch anwenden, wenn Sie zur Ruhe kommen möchten und/oder Sie merken, dass Sie sich nicht mehr konzentrieren können.
2. Atmen Sie über die Nase ein und über den Mund wieder aus. Beim Einatmen zählen Sie bis vier und beim Ausatmen bis acht.
3. Wiederholen Sie das dreimal und atmen Sie danach für fünf Minuten nur noch ruhig über die Nase.

ÜBUNG: MANTRA-MEDITATION

1. Bei dieser Übung konzentrieren Sie sich zum Beispiel auf ein Wort oder einen Satz, den Sie immer wiederholen. Es kann aber auch ein Ort oder ein Bild sein, bleibe Sie einfach nur ein paar Minuten genau dort und versuchen Sie alle anderen Gedanken ziehen zu lassen.

ÜBUNG: MEDITATION IM GEHEN

1. Sie müssen während der Meditation nicht sitzen, auch wenn das meist das erste Bild ist, das man mit dem Meditieren verknüpft.
2. Gehen Sie ruhig ein Stück, konzentrieren Sie sich auf den Weg, das Gefühl Ihres Körpers beim Gehen und Ihre Atmung.

ÜBUNG: DIE SUCHE NACH STILLE

1. Diese Übung ist besonders am Anfang schwierig.
2. In einer bequemen Position setzen oder legen Sie sich auf den Boden.
3. Nun konzentrieren Sie sich für 15 Minuten nur

auf Ihre Atmung. Versuchen Sie an nichts anderes zu denken, sollten andere Gedanken ange-schwirrt kommen, ist das ganz normal. Schicken Sie sie einfach weg und bleiben Sie mit den Gedanken beim Atmen.

Seien Sie nicht zu streng mit sich, haben Sie Geduld. An nur eine Sache zu denken ist wesentlich schwieriger, als es im ersten Moment klingen mag.

Versuchen Sie diese Übung an einem ruhigen Ort zu machen, denn je mehr Ablenkung von außen durch Geräusche, Menschen oder andere Reize entsteht, desto schwieriger wird diese Meditation.

ÜBUNG: SINNERLEBNIS

1. Bei dieser Übung konzentrieren Sie sich abwechselnd auf Ihre Sinne, also Sehen, Hören, Riechen, Fühlen und Schmecken. Fokussieren Sie sich ganz bewusst jeweils 30 Sekunden auf den jeweiligen Sinn und wiederholen Sie die Runde dreimal.

Fazit

Mit diesem alltagstauglichen Ratgeber wollen wir Ihnen einige Anregungen und Tipps mit auf den Weg geben, um Sie bei Ihrer Selbstoptimierung und Ihrem Weg zu neuem Wohlbefinden zu unterstützen und Ihnen Strategien mitzugeben, wie Sie bewusst und mit Spaß zum Biohacker werden können.

Denken Sie bitte daran, Biohacking ist kein Wettbewerb, weder mit anderen noch mit sich selbst. Es geht darum, dass Sie ganz individuell in Ihrem eigenen Tempo Wege finden, Ihr Leben zu verbessern und fitter und glücklicher in jeden Tag zu starten.

Machen Sie sich keinen Druck, wir sind alle im Job und im Alltag schon genug Stress ausgesetzt. Finden Sie in Ihrem Rhythmus und mit Ihren Möglichkeiten heraus, welche Strategien gut zu Ihnen passen und sich gut in Ihr Leben integrieren lassen. Experimentieren Sie, spielen Sie. Und lassen Sie sich nicht verunsichern oder entmutigen, wenn mal etwas nicht klappt. Das gehört beim Ausprobieren zum Prozess und führt dann wieder zu neuen Möglichkeiten.

Wir wünschen Ihnen viel Freude und Erfolg als Biohacker.

Buchempfehlungen

Prof. Dr. Andreas Michalsen - Mit Ernährung heilen

Dr. med. Petra Bracht – Intervallfasten

Intervallfasten- Das Kochbuch zum Intervallfasten

Romy Dolle – Der Paleo-Code

Eudald Carbonell – Paleo

Danielle Walker – Paleo-Küche für Genießer

Jen Fisch – Express-Keto für Berufstätige

Fabrizio P. Calderaro – Ketoga

Bruce Fife – Mein Keto-Kochbuch

Ulrike Gonder – Der Keto-Kompass

Julia Tulipan

Marina Lommel

Brigitte Karner

Jon Kabat-Zinn – Gesund durch Meditation

Michael Frank – Meditation für Anfänger und Skeptiker

James Kingsland – Die Hirnforschung auf Buddhas Spuren/

Wolfgang Seidel   Wie Meditation das Gehirn und das Leben verändert

Roland Spiegelberger   - Enzyklopädie essbare

Wildpflanzen

Steffen Guido Fleischhauer

Jürgen Guthmann

Johannes Vogel – pflanzliche Notnahrung

Pelle Holmberg – Handbuch Pilze

Hans Marklund

Weltbild Verlag – Kleine Kunstwerke aus Naturma-
terialien

Nick Neddo – Malwerkstatt Natur

Marlies Schiller – Nur Natur: Basteln mit Stöcken,
Steinen und Co.

Roman Bayer – HIIT Workout

Paul Melzer – HIIT Training: Mit Intervalltraining in
Topform

Herstellung und Verlag:

BoD – Books on Demand, Norderstedt

ISBN: 9783751923354

© Phillip Meitner

1. Auflage

Kontakt: Psiana eCom UG/ Berumer Str. 44/ 26844 Jemgum

Covergestaltung: Fenna Larsson

Coverfoto: depositphotos.com

FSC

www.fsc.org

MIX

Papier aus ver-
antwortungsvollen
Quellen
Paper from
responsible sources

FSC® C105338